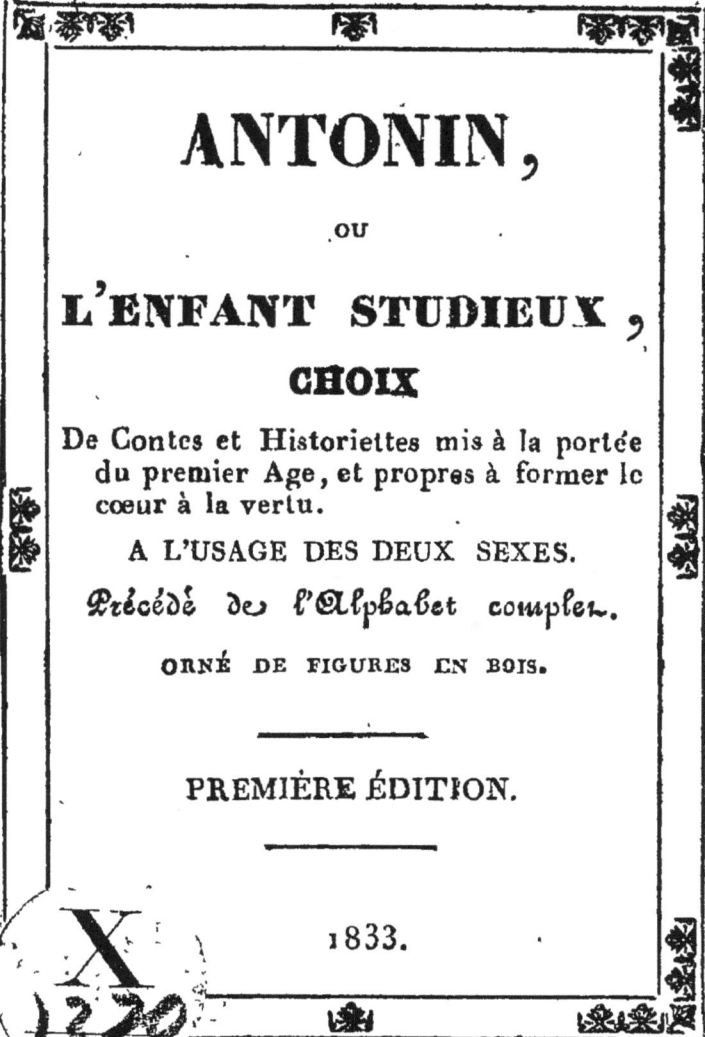

ANTONIN,

ou

L'ENFANT STUDIEUX,

CHOIX

De Contes et Historiettes mis à la portée
du premier Age, et propres à former le
coeur à la vertu.

A L'USAGE DES DEUX SEXES.

Précédé de l'Alphabet complet.

ORNÉ DE FIGURES EN BOIS.

PREMIÈRE ÉDITION.

1833.

ANTONIN,

OU

L'ENFANT STUDIEUX.

LA RECRÉATION.

ANTONIN,

OU

L'ENFANT STUDIEUX.

CHOIX

De Contes et Historiettes mis à la portée du
premier Age, et propres à former le cœur
à la vertu.

A L'USAGE DES DEUX SEXES.

Précédé de l'Alphabet complet,

ORNÉ DE FIGURES EN BOIS.

SECONDE EDITION.

PARIS,

CHEZ CHASSAIGNON, IMPRIMEUR - LIBRAIRE,
rue Gît-le-Cœur, n° 7.

1833.

IMPRIMERIE DE CHASSAIGNON.
rue Git-le-Cœur, N° 7

ANTONIN,

OU

L'ENFANT STUDIEUX.

Mes jeunes amis, tâchez d'apprendre à lire, afin, par la suite, de pouvoir vous livrer à d'autres études, qui, vous faisant acquérir des connaissances utiles, vous mettront à même de vous procurer un état honorable, sans lequel on se trouve isolé dans la société.

Je ne puis trop vous le recommander, car il arrive un âge où on se repent des négligences apportées dans les premières études ; négligences qu'on ne peut réparer, et dont on sent le malheur lorsqu'il n'est plus temps d'y remédier.

A   a

AUTRUCHE.

B b

bœuf.

C c

cheval

D d

dindon.

E œ

éléphant.

F f

furet.

G g

girafe.

H h

hippopotame.

I i

isatis.

K k

kanguroo.

L L

lion.

M m

mulet.

N n

nigault.

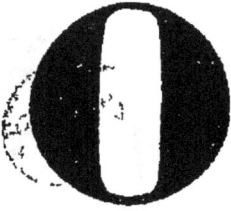

O   O

ours.

P p

perroquet.

Q q

quinkajou.

R P

rhinocéros.

S   S

soubuse.

T   t

tigre.

U u

urson.

V V

vigogne.

X x

xandarus.

Y y

yacou.

Z z

zébu.

Lettres Capitales Romaines

A B C D E F
G H I J K L
M N O P Q R
S T U V X Y Z.

Lettres Courantes Romaines.

a b c d e f g
h i j k l m n
o p q r s ſ t
u v x y z.

Il est important pour la lecture de prononcer : *J ji*, et non pas i.

LETTRES VOYELLES

A E I O U Y.

a e i o u y.

LETTRES CONSONNES.

B C D F G H J

b c d f g h j

K L M N P Q R

k l m n p q r

S T V X Z.

s t v x z.

LETTRES LIÉES ENSEMBLE

& ct ff ff fl ffl
et ct ss ff fl ffl
ft fi fi ffi ffi æ œ
st si fi ssi ffi ae oe

SYLLABES.

On appelle *Syllabe* un assemblage de
lettres qui ne forment qu'un son.

ba	be	bé	bè	bi	bo	bu
ca	ce	cé	cè	ci	co	cu
da	de	dé	dè	di	do	du
fa	fe	fé	fè	fi	fo	fu
ga	ge	gé	gè	gi	go	gu

ha	he	hé	hè	hi	ho	hu
	je	jé	jè	ji	jo	ju
ká	ke	ké	kè	ki	ko	ku
la	le	lé	lè	li	lo	lu
ma	me	mé	mè	mi	mo	mu
na	ne	né	nè	ni	no	nu
pa	pe	pé	pè	pi	po	pu
qua	qué	qué	què	qui	quo	quu
ra	re	ré	rè	ri	ro	ru
sa	se	sé	sè	si	so	su
ta	te	té	tè	ti	to	tu
va	ve	vé	vè	vi	vo	vu
xa	xe	xé	xè	xi	xo	xu
za	ze	zé	zè	zi	zo	zu

ACCENS.

L'accent qui se marque ainsi (é), s'appelle aigu.

Celui qui se marque ainsi (è) , s'appelle grave.

L'accent aigu se trouve sur les syllabes de la troisième colonne.

L'accent grave se trouve sur les syllabes de la quatrième colonne.

AUTRES SYLLABES.

pha	phe	phé	phè	phi	pho	phu

se prononcent comme

fa	fe	fé	fè	fi	fo	fu

geä	ge	gé	gè	gi	geo	geu

se prononcent comme

ja	je	jé	jè	ji	jo	ju

rha	rhe	rhé	rhè	rhi	rho	rhu

se prononcent comme

ra	re	ré	rè	ri	ro	ru

ça	çe	çé	çè	çi	ço	çu

se prononcent comme

sa	se	sé	sè	si	so	su

tha	the	thé	thè	thi	tho	thu

se prononcent comme

ta	te	té	tè	ti	to	tu

Outre l'accent aigu et l'accent grave, il y en a un autre que l'on appelle *accent circonflexe*, et qui se marque ainsi (̂). Il se met sur les voyelles longues, comme dans les mots *flûte*, *gêne*, *goût*, *hôte*.

SONS FORMÉS

D'UNE VOYELLE ET DE DEUX CONSONNES.

bla	ble	blé	blè	bli	blo	blu
bra	bre	bré	brè	bri	bro	bru
chra	chre	chré	chrè	chri	chro	chru
cla	cle	clé	clè	cli	clo	clu
dra	dre	dré	drè	dri	dro	dru
fra	fre	fré	frè	fri	fro	fru
gla	gle	glé	glè	gli	glo	glu
gna	gne	gué	gnè	gui	gno	gnu
gra	gre	gré	grè	gri	gro	gru
gau	gue	gué	gué	gui	guo	guu
pal	ple	ple	plè	pli	plo	plu
pra	prè	pré	prè	pri	pro	pru
spa	spe	spé	spè	spi	spo	spu
sta	ste	sté	stè	sti	sto	stu
tla	tle	tlé	tlè	tli	tlo	tlu
vra	vre	vré	vrè	vri	vro	vru

MOTS D'UNE SYLLABE.

blanc	bleu	bien	bœuf	bois
caux	cent	cieux	cinq	corps
dans	deux	dix	dont	d'un
eau	en	est	eut	eux
faut	feint	frit	fond	fut
grand	grec	gris	gros	grue
haut	hé	hier	hors	hue
jan	je	il	joue	jus
lard	lent	lit	long	luht
mal	met	mil	mou	mur
nain	nerf	nid	nord	nul
pas	peu	pis	pot	pu
quand	quel	qu'il	qu'on	qu'un
rat	ret	ris	roc	rue
saint	sel	s'ils	sot	suc
tant	tel	tic	tort	turc
val	ver	vil	vol	vue

ANTONIN,

ou

L'ENFANT STUDIEUX.

———◆◆◆———

Pierre MORIA, habitant près des montagnes qui sont aux environs de la petite ville de Brignoles, en Provence, avait été appelé à Marseille pour aider sa sœur, qui était veuve, à terminer ses affaires, après la perte qu'elle venait de faire de son fils unique : cette mère désolée ne voulait plus habiter une ville qui lui rappelait la perte de son mari, et celle d'un enfant qu'elle aimait tendrement. La vente de son bien avait été terminée en peu de jours, par les soins de Moria, et, dans la résolution qu'elle avait prise d'aller porter à Paris son industrie et sa petite fortune, elle en avait converti une partie en marchandises, et son frère l'avait accompagnée jusqu'à Aix, où ils s'étaient séparés.

Il revenait à pied à son habitation, avec tout l'empressement que lui inspirait le désir de revoir sa femme, et de soigner la culture de ses champs et de ses bestiaux : ce qu'il faisait avec beaucoup d'intelligence ; car il avait vu les Deux-Mondes, ayant servi dans sa jeunesse, et passé plusieurs années en Amérique avec son régiment, où il s'était distingué par sa bonne conduite.

Plus chargé de gaîté que d'écus, il marchait à grands pas au bord de la rivière d'Argens, et chantait pour charmer son ennui, quand il fut tout-à-coup troublé par un orage si violent, qu'il ne vit qu'avec inquiétude qu'il était éloigné de toute habitation où il pût se mettre à l'abri, s'il survenait de la pluie, comme il y avait lieu de le croire : il pensa, à tout événement, qu'il était prudent de s'arrêter sous de gros ormes qui étaient de l'autre côté du chemin. Cependant l'orage redoublait d'une manière effrayante; un nuage qui couvrait tout l'horizon répandait une obscurité qui confondait tous les objets qu'on ne pouvait plus distinguer qu'à la lueur des éclairs qui semblaient devoir tout embraser. Un de ces éclairs laissa voir à Moria un voyageur couvert d'un manteau de

drap gris , qui s'avançait du côté de
la rivière, au grand trot d'un cheval
vigoureux. Persuadé, d'après l'opinion commune, qu'on doit s'arrêter,
ou du moins ne pas marcher si vite,
quand il tonne, il tremblait pour ce
voyageur, et ne concevait pas son
imprudence. Le voyant s'approcher,
il se proposait d'aller à lui, et de lui
conseiller de suspendre sa course ;
mais, soit que la crainte de Moria eût
un fondement réel, soit que le sort
eût arrêté que le moment fatal était
venu pour ce cavalier, il fut frappé
de la foudre qui le renverra mort
ainsi que son cheval.

Moria était si consterné de ce malheur, qu'il se jeta sur la terre, en
souhaitant qu'elle s'entrouvrît pour
le cacher. Il fut tiré de ce premier
mouvement de frayeur par des cris ;
il crut que le malheureux respirait
encore; il alla à lui, et ne trouva qu'un
enfant de trois à quatre ans qui lui

tendait les bras, en appelant Martin!
Martin!

Il conçut facilement que celui que
cet enfant appelait Martin, et sous le
bras duquel il se trouvait retenu, était
le cavalier défiguré par la foudre. Il
prit cet enfant, dont il fut caressé, et
le voyant vêtu d'une manière qui annonçait des parens dans l'aisance, il
se proposait de le porter au village le
plus voisin, en fai ant sa déclaration
de ce qu'il avait vu : car, se disait-
il, indépendamment de ce que c'est
un devoir, je ne pourrai manquer
d'en recevoir une juste récompense,
s'il appartient à des gens qui soient
d'une naissance distinguée. Dans cette
résolution, il prit le manteau du cavalier et les bougettes qui étaient at-
tachées sur le devant de la selle, et
retourna sous les ormes, où il se trouvait caché par les buissons épais qui
étaient aux pieds.

4.

Là , il eut la curiosité de visiter les bougettes; il vit dans l'une du linge pour l'enfant, et dans l'autre une chemise d'homme et des mouchoirs : mais les sentant plus pesantes que ne l'annonçait le peu de linge qu'elles renfermaient , il fourra sa main au fond, et en tira un rouleau dans lequel il trouva cinquante doubles louis et autant dans l'autre; elles étaient ainsi distribuées, afin sans doute que la charge fût égale. Cette découverte éveilla la cupidité dans le cœur de Moria. Pourquoi, pensa-t-il, attendrais-je de la reconnaissance, qui peut-être serait stérile, et ne profiterais-je pas de ce que la fortune m'envoie ? Je peux prospérer avec cette somme; je n'ai point d'enfans depuis trois ans de mariage; je garderai celui-ci; il sera plus heureux aux champs qu'à la ville, car je suis heureux, moi : il passera pour le neveu que je viens de perdre , ma femme

ignore qu'il vient de mourir; ma sœur
qui est allée à Paris, ne l'écrira point à
ma femme; eles ne se sont jamais vues,
et ne se verront sans doute jamais; si
on cherche cet enfant, on le croira
mort comme celui qui le portait, et
qu'il sera tombé dans la rivière : ainsi
je serai à l'abri de toutes recherches,
car je n'ai fait de mal à personne.
Après avoir ainsi arrangé sa conscience
avec son intérêt, il demanda à l'enfant, qui ne parlait pas encore bien,
comment il s'appelait : « Antonin. —
Et ton papa? — Papa. — Et ta maman? — Je l'appelle maman. »

Ces réponses achevèrent de l'affer-
mir dans son injuste résolution, étant
sûr que l'enfant ne pourrait rien dire
d'assez clair pour trahir son plan, et
aussi parce que son nom Antonin se
trouvait d'accord avec celui du neveu
décédé, dont il avait été le parrain,
et qu'il avait nommé Pierre-Antoine.

Ce parti pris, il retourna au cheval
dont il détacha les courroies; il fouilla
aussi le mort dont il s'appropria la
montre et la bourse, dans laquelle il
trouva trois louis d'or et quelques
pièces blanches. Il se hâta de rouler
dans le manteau tout ce qu'il venait
d'usurper. Après en avoir fait une es-
pèce de havresac, comme ceux que
portent les soldats, il le chargea sur
son dos, et l'orage ayant diminué pendant ces apprêts, et ne grondant plus
qu'au loin, il prit l'enfant dans ses
bras, et s'éloigna avec toute la dili-
gence dont un homme est capable à
vingt-sept ans.

Comme il connaissait parfaitement
le pays, il s'éloigna de la grande route,
et ne s'arrêta que dans un village écar-
té, où il fit manger à l'enfant tout ce
qu'il put trouver de plus délicat; il le
caressa beaucoup, et parvint sans peine à l'accoutumer à lui. Ce jeune en-

rant ne connaissant point la cause de sa chute, disait dans son petit langage : Martin, méchant Martin, ma jeté par terre.

La bonne intelligence se trouvant établie entre ces deux voyageurs, Moria fit marcher à côté de lui le petit Antonin dans tous les endroits faciles, et l'enfant, charmé de jouir de sa liberté, n'en devint que plus propre à remplir le rôle de neveu qui lui était destiné.

Ils arrivèrent le soir à la maison de Moria qui fut reçu, par son épouse, comme un mari tendrement aimé. Lorsqu'elle lui eut demandé ce que c'était que ce joli enfant qu'il lui amenait : C'est mon neveu, lui dit-il ; sa mère avait eu peur de le perdre, mais ce n'était qu'une crise causée par les dents. Désirant aller s'établir à Paris, et renonçant à demeurer en Provence, elle paraissait hésiter à entreprendre un si long voyage à cause de son enfant ; comme nous n'en avons point , je lui ai proposé de m'en charger ; et, quoiqu'il lui ait été pénible de s'en séparer, elle y a consenti, parce qu'elle connaissait toute mon affection pour mon petit neveu.

Sa femme applaudit à cet arrangement. Elle prit l'enfant dans ses bras, le caressa, et l'innocente créature lui rendit ses caresses avec une si charmante naïveté, que peu de jours après il eût été difficile de l'en priver,

Quant au paquet , Moria se borna à dire que c'était quelques débris de feu son beau-frère, que sa sœur lui avait donnés, et que, pour ce qui concernait l'enfant, il n'avait voulu se charger que de ce qu'il avait de bon, se proposant de lui donner tout ce qu'il lui faudrait.

Dès le lendemain Moria retourna à sa culture, et son petit neveu, vêtu en paysan, le suivait partout. Vif, spirituel, intelligent, et d'un caractère doux, il prit goût à ce qu'il voyait faire; mais son oncle, qui avait appris, en voyageant, combien l'éducation était nécessaire, et qui en avait plus que n'en ont ordinairement les villageois, lui montrait à lire et lui parlait italien aussi souvent que français, afin que, sachant ces deux langues par habitude, il pût en acquérir plus facilement les principes quand il serait plus âgé.

Il y avait déjà trois mois d'écoulés depuis l'orage qui lui avait fait trouver le petit Antonin, quand il s'avisa d'examiner en détail, dans un moment où il était sans témoins, le linge qui était dans la bougette; il y trouva un petit porte-feuille et une lettre qui lui apprit ce qu'était l'enfant, et quels étaient les parens qui devaient pleurer sa perte. Il en fut ému , et jeté dans une irrésolution d'autant plus grande que, n'ayant point encore touché à l'argent, il était possible de tout réparer sans qu'il fût compromis, et sans qu'on pût lui en vouloir. Mais comment découvrir et avouer à sa femme, à ses voisins, qu'il avait fait un mensonge , sans qu'on soupçonnât qu'un motif d'intérêt l'y avait porté ? C'est ainsi que le premier pas fait contre la vérité nécessite à persister dans le mensonge ; il s'affermit dans sa première résolution, dont un nouvel événement ne put le détourner.

Sa femme, qui, depuis trois ans qu'ils étaient mariés, n'avait point eu d'enfant, lui annonça avec la joie la plus vive qu'elle était certaine de devenir mère. Noria, aussi joyeux qu'elle de ce bonheur inespéré, loin de renoncer à son neveu adoptif, dit : « Il n'en sera pas moins de ma famille; il partagera également, la loi m'en donne le droit; et si c'est une fille.... »

C'en fut une en effet. De ce moment, Moria se voyait déjà le beau-père de son neveu, et se croyait, dans son système, quitte envers lui, persuadé que le bonheur n'était que dans l'obscurité, et non dans la classe distinguée où la naissance d'Antonia l'aurait forcé de figurer.

Dans son projet, il n'avait pas attendu la naissance de sa fille pour donner de l'extension à ses entreprises; il avait augmenté ses bestiaux, dont il faisait des élèves, et étendu ses champs par quelques acquisitions. On disait, dans le pays, qu'il fallait qu'il eût trouvé un trésor; car on n'est pas aux champs moins envieux, ni moins jaseur qu'à la ville : les plus sots disaient qu'il avait fait un pacte avec le diable

Sans s'embarrasser des propos, il cou-
vrit, par des bénéfices légitimes et ap-
parens, ses ressources particulières,
et étendit sa fortune, pendant qu'Antonin, et sa fille qui s'appelait Clary,
croissaient en âge et en beauté.

Pour ne rien négliger en faveur
d'Antonin, Moria ayant remarqué que
cet enfant avait pris pour la culture
un goût dont rien ne pourrait le détourner, tant cette destination semble
naturelle à l'homme, ne craignit point
que quelques lumières pussent nuire
à ses projets; il sut, en conséquence,
si bien intéresser son curé en faveur
de son neveu, que ce bon pasteur
consentit à lui enseigner le latin et
tout ce qu'il était en état de lui mon-
trer.

Le succès répondit aux espérances
de Moria, et les Géorgiques de Virgile
ne rendirent Antonin que plus sensi-

ble au plaisir de conduire sa charrue,
et de veiller à ses troupeaux; enfin, il
devint aussi estimable qu'il était aimable. Sa cousine Clary, que la nature
s'était plu à combler de tous ses dons,
n'était pas moins intéressante par les
qualités de son cœur. Ces deux enfans, élevés ensemble, ne purent manquer de prendre l'un pour l'autre un
penchant qui eût fait leur malheur, si
tout n'eût été disposé à le favoriser ;
car la sœur de Moria, qui d'abord
avait réussi à Paris, éprouva ensuite
tant de pertes dans sa petite fortune,
qu'elle en mourut de chagrin, ne lais
sant que des dettes. Par ce décès, Mo
ria se trouvait seul maître de la desti
née d'Antonin. Sitôt que, d'après l'acte
baptistaire de celui qu'il remplaçait,
il eut atteint l'âge de vingt ans (car,
par le sien, il n'en aurait pas encore
eu dix-neuf), son oncle , qui avait
réellement acquis une fortune consi-
dérable pour un cultivateur, n'hésita

point à se pourvoir d'une dispense,
sous le nom de Pierre-Antonin Néré,
à la faveur de laquelle il fut permis
d'unir ensemble Antonin et la belle
Clary.

Moria et son épouse, au comble de
la félicité par le mariage de leurs enfans, ne voyaient plus devant eux
qu'une suite de jours heureux et une
vieillesse douce et tranquille. Ce bonheur s'accrut encore dans le cours des
deux années suivantes, par la naissance de deux enfans dont Clary devint mère. Le premier était un garçon, et le second une fille, qui devin-
rent l'objet de l'idolâtrie de toute leur
famille; mais il n'y a point de félicité
inaltérable. Moria, toujours actif,
avait voulu aider à déraciner un arbre
devenu vieux; il tirait avec force sur
la corde qui devait l'abattre, lorsque
cette corde vint à casser; il tomba à
terre, et reçut sur lui le poids de trois

hommes qui tombèrent en même temps. La chute avait été si violente qu'on fut obligé de le reporter chez lui, sans qu'il eût repris connaissance : il resta six semaines au lit ; mais, quoiqu'il parût être guéri, ses forces ne revinrent plus.

Dans cet état de langueur qui le menaçait d'une destruction prochaine, il vit tout ce qu'il s'était permis à l'égard d'Antonin sous une autre face ; il devint rêveur, mélancolique, et restait souvent seul renfermé dans son cabinet, dont il défendait d'approcher, à moins qu'il n'appelât.

Après s'être conduit plusieurs jours de cette manière, il fit prier son curé de le venir voir ; et pendant la demi-heure qu'ils passèrent ensemble, il lui remit un écrit sous enveloppe, à l'adresse de son gendre, pour ne lui être remis qu'à sa demande, et être brûlé s'il venait à mourir sans l'avoir demandé.

5.

Après avoir pris cette précaution, il fit appeler Antonin, et, sans détour, il lui déclara que, sentant approcher la fin de sa carrière, elle serait tranquille ou troublée par de cruels remords, s'il ne lui pardonnait pas les torts qu'il avait envers lui. Alors il lui raconta comment il l'avait trouvé, les motifs qui l'avaient déterminé, la découverte qu'il avait faite plus tard du nom de sa famille, qu'il lui fit connaître, et il ajouta que, dans un voyage qu'il avait fait quelques temps après, il avait su qu'on avait fait des recherches pour savoir ce qu'il était devenu, et que, par les actes qui en avaient été dressés, il restait incertain si, dans la frayeur, il était tombé dans l'eau, ou s'il avait été emporté par quelqu'un qui ne l'aurait pris que pour l'abandonner dans quelque hospice public, parce qu'il était évident que le domestique et le cheval avaient été dépouillés de ce dont ils étaient chargés; il

termina en lui disant qu'il ne lui par-
lerait point des soins qu'il avait pris
de lui, puisqu'il les connaissait, ainsi
que sa tendre affection, et que de sa
réponse allait dépendre son bonheur
ou son malheur éternel.

Antonin, qui l'avait écouté sans
avoir montré la moindre émotion, lui
dit qu'il ne voyait dans cet événement
qu'une disposition particulière de la
Providence en sa faveur, qui, en le
plaçant dans l'obscurité, lui avait
procuré un bonheur qu'il n'eût sans
doute pas trouvé dans une carrière
plus élevée; que cependant il sentait
la peine qu'avaient dû éprouver son
père et sa mère; mais que d'autres
enfans les ayant sûrement consolés de
sa perte, il n'y avait que lui qui pourrait se plaindre, et que, loin d'éprouver le moindre regret, rien ne pourrait le faire renoncer à l'heureuse situation où il se trouvait; qu'il avait

pris pour lui tous les sentimens d'un fils pénétré de reconnaissance ; qu'il avait épousé sa fille, qu'il aimait plus que lui-même, qu'enfin, loin d'avoir aucun ressentiment de ce qu'il venait d'apprendre, il lui jurait que rien ne l'arracherait à son heureuse obscurité ni à ses sermens, lors même que l'autorité du Roi le rappellerait à sa première destination, avec le droit d'en faire jouir sa femme et ses enfans.

Moria, qui versait des larmes de joie, en trouvant dans le cœur de ce jeune homme des sentimens qu'il n'osait espérer, lui tendit les bras; Antonin s'y jeta, et lui dit que, quelque touché qu'il était de l'aveu qu'il venait de lui faire, il aurait préféré qu'il s'en fût dispensé.

« J'ai cédé, répondit Moria, au cri de ma conscience qui exigeait que je fisse cet aveu, ainsi que la restitution de ce que je me suis injustement approprié. Le principal et les intérêts de vingt années sont dans cette armoire, avec la montre et toutes les preuves de ma faute, et j'ai déposé entre les mains de M. le curé une déclaration de toute cette affaire, que vous seul avez le droit de réclamer. Ainsi, lorsque ma carrière sera terminée, ce qui ne peut tarder, je souhaite, mon cher Antonin, que vous trouviez moyen de faire rendre cette somme, sans que ma mémoire soit flétrie, et sans que votre repos puisse en être troublé; car j'éprouve d'une manière bien cruelle qu'il ne suffit pas, pour être heureux, d'être ignoré, qu'il faut encore pouvoir s'estimer soi-même. »

Moria ne vécut que peu de temps après cet entretien ; et Antonin, qui voulait exécuter religieusement ses dernières volontés, songeait au moyen qu'il choisirait. Aucun ne lui parais-

sait facile, et il n'avait encore pris aucune résolution quand arriva dans
une terre qui était à vendre, située
près de son village, un chef d'escadre,
qui, dans l'intention de l'acheter, était
venu la visiter lui-même; il était ar-
rivé à cheval, suivi d'un seul domestique. Le vieux concierge de cette terre,
après lui avoir montré les apparte-
mens du château, le jardin et le parc,
ne put lui dire, comme l'aurait sou-
haité cet officier, quel était le revenu
de cette terre, et de quelles améliora-
rations elle pouvait être susceptible,
renseignemens qu'il souhaitait obtenir
de quelqu'un qui fût désintéressé à la
chose; ce concierge lui dit qu'il ne
connaissait qu'un seul homme qui
pût le satisfaire, que c'était le premier et le plus habile cultivateur de
toute la province.

« Ne pourrait-on le faire venir ?

— Je ne pense pas qu'on puisse lui

en donner l'ordre, quoiqu'il soit le meilleur et le plus généreux des habitans de cette campagne; il en est aussi le plus riche : il vit comme un seigneur.

— Mais mon intention n'est pas de lui donner des ordres : faites-moi conduire; j'irai le trouver chez lui ; je vous demande seulement de loger mon domestique et mes chevaux; je paierai leur dépense.

— Avec plaisir, monseigneur ; quant à moi, je vais vous conduire chez M. Néré : ah! vous y serez bien reçu.

— Vous voudrez bien entrer chez lui le premier, et demander si l'on veut recevoir M. de Montclair, officier de marine. »

Le concierge exécuta cet ordre, et

la veuve de Moria, qui n'était pas encore très-âgée, vint au-devant de M.
de Montclair pour l'inviter à entrer,
et elle l'introduisit auprès de sa fille,
à qui elle le présenta, en répétant le
nom qu'elle venait d'entendre.

Clary, que ses vêtemens de deuil
rendaient encore plus intéressante,
reçut cet étranger avec la franche po-
litesse qui lui était naturelle. « C'est
sûrement, monsieur, lui dit-elle,
mon mari que vous avez affaire?

— Je venais le prier, madame, de
vouloir bien m'éclairer sur la valeur
de la terre qui est à vendre dans votre voisinage.

— Il s'empressera, monsieur, de
vous satisfaire, mais il faut que vous
ayez la complaisance de l'attendre : il
ne peut tarder, car il est déjà dix
heures, et sûrement il va rentrer.
Venez-vous de loin, monsieur?

— Je viens d Aix, où je demeure :
j en suis parti à quatre heures du matin, et ne me suis arrêté à Saint-
Maximin, que le temps de faire faire
halte à mes chevaux.

— Vous n'avez sûrement pas dé-
jeûné? Si vous vouliez me faire l honneur d'accepter une tasse de café à la
crême, ou tout autre chose plus so-
lide ?

— Ce serait, madame, en user
trop familièrement je vous rends
grâces.

— Vous ne trouverez rien ailleurs,
il n'y a point d auberge dans ce village : vous n'y trouverez que du pain
et du vin, et je peux vous en faire
servir de meilleur.

— Madame, puisque vous exercez
l'hospitalité de si bonne grâce, je pre-

6.

fère partager votre déjeûner : j'aime beaucoup le café, et j'en prends habituellement.

La mère et la fille s'empressèrent de servir M. de Montclair, qui avait eu le temps de remarquer que le logis où il se trouvait offrait l'aisance et la propreté de la ville, et que les manières des deux maîtresses avaient un charme tout particulier.

Pendant qu'il prenait son café, le plus jeune des enfans était venu toucher au gland de l'épée, et étendait sa petite main jusqu'à la croix qui était à la boutonnière de M. de Montclair ; la grand'maman voulait le retirer, de crainte qu'il ne fût importun.

« Laissez-le, madame ; j'aime les enfans. » Et il le prit sur ses genoux. — Clary tenait sa fille sur les siens ;

mais le militaire, qui se trouvait à portée de considérer de plus près le petit garçon qui lui faisait d'innocentes carresses, dit : « Vous avez de charmans enfans, madame ; mais les traits de celui-ci me rappellent, par une singulière ressemblance, un souvenir bien cher et bien triste pour moi, de l'enfant qui m'a été ravi par un accident funeste. Pardonnez-moi, je vous prie; car je ne devrais pas répondre à votre obligeant accueil, en vous parlant de choses affligeantes.

— Ah ! monsieur, nous sommes dans une situation à pouvoir les entendre avec intérêt; ma mère vient de perdre un mari, et moi le plus tendre des pères. Ne vous gênez point, je vous prie, et veuillez me dire à qui ressemble mon petit Charles ?

— Tenez, madame (en tirant de son sein le portrait de son épouse), voyez s'il n'y a pas de la ressemblance ?

— Ah! la belle personne! C'est sans doute madame votre épouse?

— Elle ne l'est plus, madame; il y a aussi quelques années que je l'ai perdue. »

Comme il finissait, Antonin rentra, tenant son fusil d'une main, de l'autre deux perdreaux. « Voilà, dit-il, ma chère Clary, tout ce que j'ai pu trouver pour te plaire..... » Il en aurait dit davantage; mais le tableau de famille qui était sous ses yeux, et où se trouvait un étranger, le rendit muet.

« M. de Montclair, lui dit Clary, qui souhaite te parler, a bien voulu nous faire l'honneur de rester avec nous en attendant. »

Ce nom qui retentit jusqu'au cœur d'Antonin, ne lui rendit pas la parole; il éprouvait une vive émotion, et considérait ce militaire respectable, qui

s'était levé, sans cesser de tenir l'enfant dans ses bras. Ce fut lui qui parla
le premier.

« Je suis venu, monsieur, très-fa
milièrement vous demander un sc-
vice ; madame votre épouse m'a reçu
avec tant de bonté, que j'ai cru d'a-
vance pouvoir compter sur votre complaisance.

— Certainement, monsieur, je me
croirai très-heureux de pouvoir vous
être de quelque utilité. »

M. de Montclair lui ayant fait connaître de quoi il s'agissait, Antonin
lui dit que la terre dont il voulait
faire l'acquisition ne valait, dans l'é-
tat où elle était, que cinquante mille
écus ; mais qu'avec peu de dépense,
elle pourrait valoir un quart de plus,
et qu'il le mettrait à portée d'en ju-
ger dans l'après-midi et le lendemain

6.

en parcourant ensemble le domaine; qu'il le conduirait dans une petite voiture pour lui éviter la fatigue.

« Rien de plus obligeant que ce que vous me proposez; mais je désirais retourner demain à Aix, je l'ai annoncé chez moi : mon absence causerait de l inquiétude. Je ne voulais passer qu'une nuit dans ce château.

— Vous y seriez trop mal, monsieur; je peux vous offrir un appartement plus convenable, où rien ne manque de tout ce qui est nécessaire ou commode : daignez l'agréer, et en disposer tout le temps qui vous conviendra. Quant à votre absence, prenez la peine d'écrire : je vais faire partir un exprès; j'en ai ici plus d'un à mes ordres.

— Vous offrez de si bonne grâce et de si bon cœur, M. Néré, qu'il n'y a pas moyen de vous refuser.

— C'est le moins que je doive pour posséder un hôte tel que vous. »

Dans le temps qui restait jusqu'au dîner, M. de Montclair alla avec Antonin qui lui fit voir son habitation. Partout le goût était uni à l'utilité et aux douceurs de la vie; mais s'il était enchanté des agrémens du domaine, il l'était bien plus des manières distinguées du propriétaire, de son éducation, de ses lumières, beaucoup plus étendues que celles d'un cultivateur, et surtout de sa ressemblance avec le portrait qu'il avait montré à Clary, et qui était plus frappante et plus caractérisée que celle de l'enfant.

Un attrait indéfinissable l'entraînait vers cette famille, qu'il ne connaissait que depuis quelques heures, et éveillait dans son cœur une multitude de soupçons qui lui paraissaient

invraisemblables, et que cependant
il voulait vérifier.

L'union de cette famille, la tendresse des époux et de leur mère,
leur activité, l'amour de l ordre et du
travail, était pour lui un spectacle
ravissant et digne de son estime Pendant les trois jours qu'il était resté,
il sut qu'Antonin était le neveu de
Moria ; qu'il l'avait amené lui-même ;
qu'il avait soigné son éducation avec
une tendresse paternelle ; qu'il l'avait
marié à sa fille, après avoir obtenu
les dispenses nécessaires : tout cela ne
s accordait point avec l'idée d'un
homme qui ait été capable de dévali-
ser un mort, et de ravir un enfant ;
mais les dates et la ressemblance lais-
saient des doutes, et M. de Montclair
partit avec le projet de les éclaircir.

Antonin n'était pas sans inquiétude
sur la ressemblance que M. de Mont-

clair avait remarquée entre lui , son
petit Charles et le portrait; il ne pouvait douter qu'il avait eu l'honneur de
voir et de recevoir son père , et que
ce père était le comte de Montclair ,
chef d'escadre et grand'croix de l'ordre royal et militaire de Saint-Louis;
car son domestique , qui avait aussi
été logé auprès de son maître, l'avait
fait connaître avec ses qualités.

M. Le comte de Montclair , que je
peux nommer ainsi à présent , avait ,
de retour à Aix , écrit de suite à Marseille pour prendre les informations
les plus exactes, et lui en apporter les
pièces justificatives. Il ne tarda pas
alors à avoir la preuve que Néré, maître d'équipage sur les vaisseaux du
Roi , n'avait eu qu'un fils , mort à
l'âge d'environ cinq ans; que sa veuve
était partie pour Paris , où elle était
morte quelques années après , sans
s'être remariée , ainsi qu'on l'avait
su d'un parent de son mari.

Alors son cœur s'ouvrit à l'espoir de se revoir un fils, héritier de son nom, aussitôt qu'il lui aurait fait connaître sa naissance : il était loin de prévoir les difficultés qu'il y rencontrerait.

Il partit donc, rempli d'espérance, emportant dans sa voiture, des pièces de mousselines, de Guinée et de l'Inde, pour les dames, et quelques bagatelles pour les enfans; il se fit descendre directement chez Antonin.

« Vous m'avez si bien reçu, mon cher hôte, lui dit-il, en descendant de sa chaise, que je reviens, et uniquement pour vous voir. » Il fut reçu avec la même affection, mais avec des égards plus marqués. Il s'en plaignit du ton le plus aimable, et on lui promit de se corriger. Il fit porter aux deux dames ce qu'il leur destinait ; elles n'y virent qu'une attention et une générosité distinguées, car ce présent était d'un grand prix. Antonin

le vit avec une sorte de peine qui n'é-
chappa point au comte, qui recon-
nut, dans ce mouvement, une déli-
catesse qui lui plut. Dans le reste du
jour il l'observa, et crut remarquer
dans ses regards une attention si touchante et si respectueuse, qu'il la prit
pour l'attrait du sang qui agissait, et
qu'il ne remit qu'au lendemain l'entretien qu'il voulait avoir avec lui.

Dès le matin ils sortirent pour faire
ensemble une promenade, et profiter
de la fraîcheur du matin ; aussitôt
qu'ils furent à l'écart, le comte commença ainsi :

« Seriéz-vous fâché, mon cher Antonin, si, par un hasard inattendu,
vous vous trouviez appartenir à une
famille noble et d'un rang distingué?»

ANTONIN.

Il n'y a point de doute, M. le comte,

que je serais flatté d'un tel honneur; mais je n'ai jamais formé un pareil vœu. Mes désirs ne passent point la limite de mes champs.

LE COMTE.

Mais si cela était réel, indubitable, répondez-moi?

ANTONIN.

Je n'ai besoin d'aucun titre pour sentir le prix de l'estime dont vous voulez bien m'honorer, et pour y répondre par le plus respectueux dévouement.

LE COMTE, le regardant fixement.

Vous vous troublez, Antonin; vous me rappelez l'embarras que vous avez éprouvé la première fois que vous m'avez vu. Sauriez-vous que vous n'êtes point le neveu de Moria?

ANTONIN

Je suis incapable de déguisement,

seigneur; à cette question positive, je réponds que je le sais depuis quelques mois par l'aveu volontaire que m'en a fait Moria, lorsqu'il sentit sa fin prochaine, et que je suis chargé d'une restitution de dix mille livres envers vous, dont je m'occupais quand j'ai eu l'honneur de vous voir pour la première fois.

Le Comte.

Du moment que tu l'as su, tu n'es pas venu me trouver ; et lorsque tu m'as vu pour la première fois, tu n'as pas volé dans mes bras !

Antonin.

Ma place est à vos genoux.

Le Comte.

Relève-toi, si tu n'es pas coupable.

Antonin.

Je ne le suis point.

7

Le Comte.

Tu l'es, puisque tu approuves la conduite de Moria.

Antonin.

Je ne l'approuve point; mais je ne tacherai point la mémoire d'un homme qui m'a tendrement aimé, en dévoilant ses torts.

Le Comte.

Relève-toi, te dis-je; viens que je te serre sur mon cœur, mon cher fils.

Antonin.

Ah! je le suis; j'en remplirai le sacré caractère; mais je n'en prendrai jamais le titre.

Le Comte.

Ignores-tu que je puis t'y forcer et que l'autorité du Roi se joindra à la mienne?

ANTONIN.

Tout le passé deviendra nul. Il
faudrait renoncer à ma femme, à mes
enfans : jamais; plutôt la mort !

LE COMTE.

Qui te parle de renoncer à ta femme et à tes enfans ? J'aime et j'estime
ta femme et ta belle-mère : je ne ver-
rais plus en toi mon fils, si tu pou-
vais les abandonner. Elles partage-
ront ton élévation ; elles n'ont en
rien participé à des fautes qu'elles
ignorent.

ANTONIN.

Mais, mon père, puisque vous me
permettez un nom si cher, il serait
impossible de me rendre mon rang,
sans que la mémoire de Moria fût flétrie.

LE COMTE.

Pourquoi ? On peut parler de ton

enlèvement sans parler de sa cupi‑
dité.

ANTONIN.

C'est impossible ; il devait faire une
déclaration et des recherches ; il ne les
a point faites ; il a supposé vivant un
neveu mort ; il m'a marié sous ce ti‑
tre : ce serait le déshonorer aux yeux
des siens et du public. Je subirais une
prison perpétuelle, plutôt que d'y
consentir ; car tous les actes qu'il a
faits, en qualité d'oncle, seraient en
contradiction avec le décès de son ne‑
veu, et deviendraient la matière d'un
procès, que l'honneur m'obligerait
de soutenir, et qui serait intermina‑
ble.

LE COMTE.

Tu plaiderais contre moi?

ANTONIN.

Jugez plutôt de mon respect et de

ma tendresse pour vous, par celui que je conserve et que je crois devoir à la mémoire d'un homme qui a usurpé vos droits.

Le Comte.

Mais pourquoi ce respect.

Antonin.

Il est dû à tout ce qu'il a fait pour réparer sa faute : soins, tendresse, éducation, le don entier de sa fortune, fruit de son travail, et la main de sa fille, enfin l'heureuse médiocrité qu'il m'a procurée, et a laquelle j'ai juré volontairement de ne jamais renoncer.

Le Comte.

Ainsi, je retrouve un fils unique, qui ne veut ni porter mon nom, ni en soutenir la gloire, ni être l'héritier de ma fortune.

7.

ANTONIN.

Si je repousse tant d'honneurs et
tant de gloire, je n'en sens pas moins
le prix ; mais je ne repousse pas le
bonheur de prononcer le doux nom
de père, dont j'étais privé : un honneur que vous devez estimer m'en fait
un devoir. Permettez-moi, mon père,
de distinguer ici les illusions de la
gloire des affections de la nature : si
c'est moi que vous aimez, si c'est un
fils tendre et respectueux que souhaite
votre cœur, vous l'avez trouvé ; si ce
n'est que le soutien de votre nom, je
ne puis l'être : n'auriez-vous pas pu me
perdre réellement en combattant à vos
côtés? Vous seriez totalement privé de
l'héritier de votre nom ; ici le fils vous
reste : daignez voir la volonté de la
Providence qui a voulu me placer dans
la médiocrité. Que votre tendresse ne
m'ôte point le bonheur que m'a procuré l'usurpateur de vos titres. Vo-

'nez vivre ici, partager ma félicité :
tous les miens vous donneront le doux
nom de père, d'autant plus cher qu'ils
croiront ne le devoir qu'à votre in-
dulgente protection et à votre choix.
Ce parti n'est-il pas préférable à la
carrière où vous me feriez entrer ?
Votre sang coulé dans mes veines ; je
serais brave sans doute, mais je serais un militaire ignorant. Il n'est
pas moins tard pour m'asseoir sur les
fleurs de lis, je n'ai point étudié les
lois. Quant à la politique, mon caractère m'empêcherait d'y réussir,
lors même que j'aurais les connaissances nécessaires. Ainsi, je suis à la
place que le destin me réservait, daignez, mon père, confirmer ses décrets,
et vous aurez plus fait pour moi
qu'en me donnant la vie que je vous
dois.

LE COMTE.

Ta sagesse et ta modération l'em

portent, mon fils, et je me rends. Je n'achèterai point le château : je vivrai chez toi et avec toi ; fais ajouter une aile à ta maison : elle sera pour moi et mes gens; garde tes dix mille livres : je paierai le bâtiment que je te demande. Ma fortune sera plus à toi qu'à moi, et personne ne pourra empêcher ni blâmer les dispositions que je pourrai faire en ta faveur, puisqu'elles ne seront prises que sur ce que j'ai gagné par mes long services. Je te ferai connaître ta sœur, qui sera, comme moi, touchée de ton désintéressement, dont ses enfans profiteront, et personne ne saura, que nous, quels liens secrets nous unissent. Mais je te demande de laisser suivre à ton fils la carrière qu'il voudra choisir; je lui aplanirai les difficultés. Toutes les maisons nobles ont eu une origine, il commencera la sienne.

ANTONIN.

Je vous jure, mon père, que je ne

contraindrai jamais son choix, et que je le seconderai de tout mon pouvoir.

Le Comte.

. A ce prix, je cède et je souscris à tout ce que tu désires de moi.

Ainsi fut terminé le triomphe de la modération sur l'orgueil de la noblesse.

LA CIGOGNE ET LA CORNEILLE.

Une cigogne et une corneille eurent un jour un différent très-vif. Il s'agissait de savoir laquelle des deux jouissait à un plus haut point de la faveur de Jupiter. La corneille alléguait son habileté dans les présages, son infaillibilité dans les prophéties, et les extrêmes services qu'elle rendait aux prêtres du maître des dieux dans les sacrifices et les cérémonies religieuses. La cigogne faisait uniquement valoir sa vie irréprochable, ses soins pour ses petits, et l'assistance qu'elle donnait à ses parens, accablés par les infirmités de l'âge. Il arriva, comme cela a toujours lieu dans les discussions religieuses, que ni l'un ni l'autre ne purent s'accorder. En conséquence ils convinrent de s'en rapporter à la décision de Jupiter lui-même. Le maître des dieux leur fit cette ré-

ponse : « Qu'aucune de mes créatu-
res ne désespère de mon appui ; je
connais leurs faiblesses ; j'ai pitié de
leurs erreurs et je leur tiens compte
de tout le bien qu'elles font. Les sacrifices et les cérémonies n'ont en eux-
mêmes aucune importance, et toute
tentative pour pénétrer les desseins
des dieux est aussi vaine que pré-
somptueuse. Mais celui qui rend à
Jupiter l'honneur et le respect qui lui
sont dus, celui qui mène la vie la plus
irréprochable, et qui fait le plus de
bien en proportion de ses moyens,
celui-là répond le mieux à la fin de sa
création, et sera toujours plus parti-
culièrement favorisé du créateur. »

— On ne devrait jamais faire con-
sister la religion dans la simple ob-
servation des titres et des cérémonies.

LE ROUGE-GORGE
ET
LE MOINEAU.

Un rouge-gorge chantait sur un arbre voisin d'une chaumière, lorsqu'un moineau, perché sur le toit de cette chaumière, saisit cette occasion pour lui adresser les reproches suivans : « Est-ce qu'avec tes sottes chansons d'automne, lui dit-il, tu espérerais égaler les oiseaux du printemps? Tes faibles gazouillemens prétendent-ils rivaliser avec les accens animés de la grive ou du merle, ou la mélodie variée de l'alouette et du rossignol, que tant d'autres oiseaux, qui te sont bien supérieurs, se sont long-temps contentés d'admirer en silence? — Juge-moi avec moins de sévérité, lui répliqua le rouge-gorge, et n'impute pas à la seule ambition des efforts qui peuvent être

quelquefois inspirés par l'amour de
l'art. Je respecte les oiseaux dont tu
viens de parler, et dont la renommée est à l'épreuve du temps, et je
ne porte point sur eux un œil d'envie. Leurs chants ont charmé les
monts et les vallées ; mais la belle
saison a fui, et leurs gosiers sont ac-
tuellement muets. Je n'ai pas pour
cela l'ambition de les surpasser ou
de les égaler ; mes désirs sont d'une
nature plus humble, et je suis sûr
d'obtenir mon pardon tant que je ne
chercherai qu'à réjouir ces vallées
abandonnées, en tâchant d'imiter
des accords que je chéris. »

— Il est pardonnable de chercher
à imiter ceux qu'il serait présomp-
tueux de vouloir égaler.

L?S DEUX ABEILLES.

Par une belle matinée du mois de mai, deux abeilles quittèrent leur ruche pour aller faire leur miel. L'une était sage et tempérante, l'autre pleine de folie et d'extravagance. Elles entrèrent dans un jardin rempli d'herbes aromatiques, de fleurs odoriférantes et des fruits les plus délicieux. Pendant quelque temps, elles savourèrent les douceurs qui leur étaient offertes ; l'une songeant à l'hiver, chargeait de temps en temps ses cuisses de provisions pour la ruche ; l'autre, ne faisant attention qu'au moment présent, recherchait seulement ce qui pouvait lui plaire. A la fin, elles aperçurent une fiole, à large goulot, suspendue aux branches d'un pêcher. Remplie d'un miel nouveau, cette fiole était exposée à leurs regards de la manière

la plus attrayante ; sans écouter les
remontrances de sa sage amie, l'im-
prudente abeille s'y plonge la tête la
première, résolue de se gorger de
toutes les délices de la sensualité.
L'autre abeile, pus philosophe,
pompa seulement un peu de miel,
et, reconnaissant le danger, se hâta
de s'éloigner et de retourner parmi
les fleurs et les fruits. Là, n'usant
qu'avec modération de la nourriture
délicate que contenait leur sein, elle
en sentit d'autant mieux le véritable
prix. Cependant sur le soir elle revole
vers son amie pour la ramener avec
elle à la ruche; mais elle la trouve
épuisée par les plaisirs qu'elle avait
goûtés, et aussi incapable de les
abandonner que d'en jouir davantage. Ses ailes engluées, ses pattes
affaiblies, son corps complètement
énervé, ne lui permettaient plus de
fuir, et l'infortunée ne put que dire
un dernier adieu à son ame, et faire

en mourant cette amère réflexion que bien que la jouissance des plaisirs augmente les charmes de la vie, on rencontre inévitablement sa perte si l'on ne sait en user avec modération.

—La modération et l'intempérance trouvent toujours en elles - mêmes leur récompense ou leur châtiment.

LE DIAMANT
ET LE VER LUISANT.

Un diamant vint à se détacher de l'anneau d'une jeune femme qui se promenait le soir sur la terrasse d'un jardin. Un ver luisant le vit briller dans sa chûte, mais aussitôt que l'obscurité de la nuit lui eut fait perdre son éclat, ce ver commença à l'accabler de moqueries et d'insultes : « Es-tu bien, lui dit-il, ce bijoux merveilleux qui se vante d'étinceler de tant de feux? où donc sont ils en ce moment, ces feux tant prônés? Hélas! il est bien malheureux pour toi que la fortune t'ait mis dans un état où ton éclat se trouve au dessous du mien. — Impertinent insecte, répliqua le diamant, toi qui ne dois ta faible lueur qu'à l'obscurité qui t'environne, apprends que mon éclat soutient celui du jour,

8.

et qu'il tire même sa plus grande
beauté de la splendeur de cet astre
qui te réduit à n'être plus qn'un
obscur et misérable ver. »

— Un jour éclatant contribue autant à relever le mérite qu'à confon-
dre l'imposture.

LES DEUX CHIENS DE CHASSE.

Un chasseur partit un matin pour la chasse avec ses chiens, et, afin d'éviter que les plus jeunes ne la troublassent en suivant indistinctement toutes les traces, et en n'agissant que selon leur tête et leurs inclinations, il les avait attachés deux par deux. Le sort voulut que Diane et César fussent ensemble. Ces deux chiens étaient jeunes et sans expérience; mais depuis quelque temps ils vivaient en fidèle compagnie et paraissaient éprouver un grand attachement l'un pour l'autre. Sans cesse ils étaient à folâtrer, et s'il survenait une querelle, l'un prenait toujours parti pour l'autre contre l'agresseur. D'après cette conduite, on pouvait penser qu'il ne leur serait pas désagréable de se trouver ainsi accouplés. Ce-

pendant l'événement prouva le con-
traire : il y avait à peine quelques
instans qu'ils étaient dans cet état,
que déjà ils en paraissaient fatigués.
Des inclinations différentes et des désirs opposés commencèrent à se ma-
nifester et à mettre leurs pensées à
découvert. L'un choisissait-il un chemin? son compagnon n'avait que plus
d'envie d'en prendre un autre. Si
l'un voulait marcher plus vite, on
était sûr que l'autre s'arrêterait.
Diane tirait César en arrière, et César entraînait Diane en avant. Diane
grondait contre César, et César
aboyait contre Diane. Ils firent tant
enfin qu'une querelle très-forte s'en-
gagea entre eux, et que César, sans
égard pour l'infériorité des forces de
Diane et pour sa faiblesse, la traita
d'une manière très-brutale et très-
peu généreuse. Ils se tourmentaient
donc continuellement l'un et l'autre,
lorsqu'un vieux chien courant, qui

avait observé ce qui s'était passé,
s'approcha d'eux pour leur repro-
cher leur conduite. « Quel sot cou-
ple êtes vous donc, leur dit-il, de
vous déchirer sans cesse comme vous
le faites? Qui vous empêche de vivre
paisiblement l'un et l'autre? Croyez-
vous qu'il ne serait pas possible d'a-
paiser vos débats, si chacun de vous
consultait un peu plus les inclinations de son compagnon? Essayez au
moins de faire de nécessité vertu, et
soumettez-vous à ce que vous ne pou-
vez éviter. Il vous est impossible de
rompre votre chaîne ; eh bien! cher-
chez à vous la rendre plus légère. Je
suis vieux, et mon âge et mon expérience peuvent vous instruire. Je
me suis trouvé dans les m mes cir-
constances que vous, mais je n'ai pas
été long-temps à m'apercevoir qu'en
tourmentant mon compagnon, je ne
faisais que me tourmenter moi-
même ; et heureusement, de son

côté, sa manière d'agir lui inspira à
mon égard des réflexions semblables.
Nous tâchâmes alors d'avoir toujours
tous deux le même but, et de cette
manière, assujettis au même joug
nous le supportions avec patience et
je dirai même avec plaisir. Nous re-
connûmes par l'expérience que les
complaisances mutuelles peuvent
non-seulement compenser la perte
de la liberté, mais procurer encore
une foule de délices et de joies que la
liberté elle-même ne saurait nous
présenter.

— Les complaisances mutuelles
sont nécessaires au bonheur de ceux
qui sont obligés de vivre ensemble.

LE FERMIER
ET SES TROIS ENNEMIS.

Un loup, un renard et un lièvre se mirent un soir à piller dans les différentes parties de la cour d'une ferme. Cette première excursion fut assez heureuse, et ils revinrent sains et saufs à leurs demeures. Mais le fermier qui les avait aperçus, leur dressa plusieurs piéges, et les fit prisonniers la seconde fois. Il fit d'abord des reproches au lièvre, qui confessa qu'il avait mangé quelques têtes de navets uniquement pour apaiser sa faim, et le pria ensuite d'une manière. touchante de lui accorder la vie, en lui promettant qu'il n'entrerait plus jamais sur ses terres. Le fermier interpella ensuite le renard, qui protesta avec un langage modeste et respectueux, qu'il n'était venu dans ses domaines qu'avec des inten-

tions droites, pour empêcher les
lièvres et autres animaux destruc-
teurs de grapiller son blé ; et qu'en
dépit de tout ce que les méchantes
langues pourraient dire, il portait à
lui et à la justice un trop grand respect, pour être le moins du monde
capable d'une déloyale action. Le
fermier interrogea le loup le dernier, et lui demanda quelle affaire
avait pu l'amener dans la cour de la
ferme. Celui-ci lui répondit impu-
demment que c'était l'envie de dé-
truire ses agneaux, sur lesquels il
avait des droits incontestables ; que
le fermier lui seul était un voleur,
puisqu il enlevait à la communauté
des loups ce qui était destiné à faire
leur nourriture ; qu'au reste telle
était son opinion, et que, quel que
fût le sort qui lui était réservé, il
risquerait volontiers sa vie pour at-
teindre la proie qui lui appartenait
légalement.

Le fermier, ayant entendu leurs plaidoyers, jugea l'affaire de la façon suivante : « Le lièvre, dit-il, mérite de la compassion pour son repentir, et l'humble confession qu'il nous a faite. Quant au renard et au loup, qu'ils soient pendus tous les deux ; car aussi coupables l'un que l'autre, quant au fait qui leur est imputé, ils ont encore aggravé leur crime, l'un par son hypocrisie et l'autre par son impudence- »

— Le repentir atténue bien des fautes, que l'hypocrisie et l'impudence rendent encore plus odieuses.

LE LOUP
ET LE CHIEN DU BERGER.

Un loup, après avoir rôdé dans une forêt, parvint dans un lieu où paissait un troupeau. Là, il aperçut d'abord le chien du berger, qui lui demanda en grondant quelle affaire l'amenait de ce côté. Le loup jugea à propos de prendre un maintien innocent, et il protesta sur son honneur qu'il ne songeait à faire aucune offense: « Je crains bien, dit le chien, que votre honneur ne soit une faible garantie de votre honnêteté : ne trouvez donc pas mauvais que je ne me fie pas à vous. — Ne ternissez pas ma réputation, reprit le loup, je vous en prie. La pureté de mon honneur ne le cède pas au renom de mes hauts faits ; et pour le monde e tier je ne voudrais pas consentir à entacher ma mémoire. — Sans douté, répliqua le chien, la renommée de ce que l'on appelle communément des hauts faits est fort précieuse, et l'on peut presque la mettre à côté des actions d'un excellent boucher, d'un noble voleur de grand chemin ou d'un habile assassin. » Pendant que le chien parlait ainsi, un agneau vint à passer à la portée de notre héros ; la tentation fut si forte, qu'il ne put la dompter ; il s'élança sur sa proie, et se mit à l'emporter avec vitesse ; mais le chien le saisit et le retint jusqu'à l'arrivée du berger, qui se mit en devoir de le tuer. Comme il s'y préparait, le chien dit au loup : « Je m'aperçois que l'un de vos hauts faits est d'immoler l'innocent. La renommée et la récompense que vous en tirerez, pourront bien aller de pair ensemble. Quant à moi, je préfère la gloire d'avoir loyalement défendu la propriété de mon maître à toute la renommée, fruit de vos actions héroïques. »

— La simple probité est bien préférable à ces actions que l'on qualifie souvent du nom pompeux d'héroïsme.

LES ORANGES.

ARISTE avait un fils unique qu'il aimait tendrement, et que les plus heureuses qualités rendaient digne de toute son affection. Cependant ce jeune homme lui causait depuis quelques jours une vive inquiétude, par la liaison qu'il avait imprudemment formée avec des jeunes gens dont la sagesse était plus que suspecte. Ce bon père l'avertit plusieurs fois du péril auquel il s'exposait ; il lui représenta combien il était facile à son âge, et avec son peu d'expérience, de se laisser séduire ; et il l'exhorta fortement à rompre un commerce qui pouvait avoir des suites funestes. Eugène (c'était le nom du jeune homme) s'efforça de dissiper les craintes de son père : il lui assura que les leçons de vertu qu'il avait reçues de lui, étaient trop bien gra-

vées dans son cœur, pour que les dis-
cours ou même les exemples de ses
nouveaux amis pussent les lui faire
oublier. J'ose même espérer, ajou-
ta-t-il, que bien loin d'être perverti
par eux, je les convertirai moi-même:
je l'essaierai du moins. Ariste voyait
avec peine la téméraire confiance de
son fils. Cependant, ne voulant pas
user de l'autorité paternelle pour lui
interdire cette dangereuse société, il
imagina un moyen ingénieux de lui
faire sentir combien son espérance
était mal fondée.

Il remplit une boîte de très-belles
oranges, parmi lesquelles il en mit à
dessein, une qui était un peu gâtée :
ensuite ayant fait venir Eugène : Mon
fils, lui dit-il, je vais vous faire un
présent dont j'espère que vous me
saurez gré. Je connais votre goût pour
les oranges : en voilà de fort belles
que je vous donne, pour en faire un

tel usage que vous le voudrez.
Le jeune homme, bien reconnaissant d'un si agréable cadeau, s'em-
presse d'ouvrir la boîte. Il admire la
beauté des oranges, il les contemple
avec une vive satisfaction ; mais en
les examinant de près, il en aperçoit
une qui n'est pas aussi saine que les
autres. Mon père, dit il aussitôt,
voilà une orange qui commence à se
gâter, il ne faut pas la laisser avec
les autres. Pourquoi, mon fils? répondit Ariste; elle n'a qu'une petite
tache qui disparaîtra bientôt. Ah!
mon père, reprit Eugène, cette tache ne fera qu'augmenter : c'est un
commencement de corruption, qui
se communiquerait à toutes les autres
oranges, si je n'y mettais ordre. Il
ne faut rien déranger, dit Ariste :
mais soyez sans inquiétude, je vous
répo ds de vos oranges. Ne voyez-
vous pas qu'une seule étant malade,
toutes les autres qui sont saines la

guériront infailliblement? Ah ! mon
père, répliqua Eugène tout triste ,
je n'espère point cette guérison , et
je tiens toutes mes oranges perdues ,
si vous ne me permettez de séques-
trer celle-là. Eh bien ! mon fils, reprit le père, je veux vous convaincre
que ma conjecture est plus juste que
la vôtre. Laissez vos oranges renfer-
mées dans leur boîte, et confiez-les-
moi pendant huit jours ; au bout de
ce temps nous les visiterons ensemble,
et vous verrez avec joie qu'elles seront toutes dans le meilleur état
du monde. Eugène se soumit avec
respect à la volonté de son père; mais
il se retira très-persuadé qu'il ne devait plus compter sur ses oranges.

Les huit jours lui parurent bien
longs; et à peine étaient-ils expirés ,
qu'il vola au cabinet de son père ,
pour assister à l'ouverture de la boîte
qui renfermait son trésor. Ariste

l'ouvre aussitôt. Mais quel triste spectacle! Ces oranges qui flattaient si agréablement la vue et l'odorat, ne sont plus qu'un amas de pourriture. Je vous l'avais dit, mon père, s'écrie Eugène, en laissant échapper quelques larmes ; si vous m'eussiez cru, mes pauvres oranges ne sera'ent pas dans l'état où je les vois.

J'avoue, mon fils, répondit Ariste, que j'ai été trompé dans mon attente. Vous aviez raison de me représenter que la mauvaise orange infecterait toutes le bonnes, et que toutes les bonnes n'amélioreraient pas la mauvaise. Mais raisonnons un peu d'après cette expérience.

Si une seule orange gâtée a gâté toutes les autres, qui étaient parfaitement saines, comment pouvez-vous espérer que plusieurs jeunes gens débauchés ne corrompront pas un jeune homme vertueux? et si plusieurs oranges saines n'ont pu corriger le vice naissant d'une seule, comment vous flattez-vous qu'un seul homme sage réformera une société de libertins?

Eugène sentit la justesse de ce raisonnemen. Il comprit que c'était à cette conclusion que son père avait voulu l'amener. Il le remercia d'une si utile leçon, qui le dédommageait avantageusement de la perte de ses oranges, et lui promit d'en profiter, en rompant sans retour avec ses nouveaux amis.

FIN.

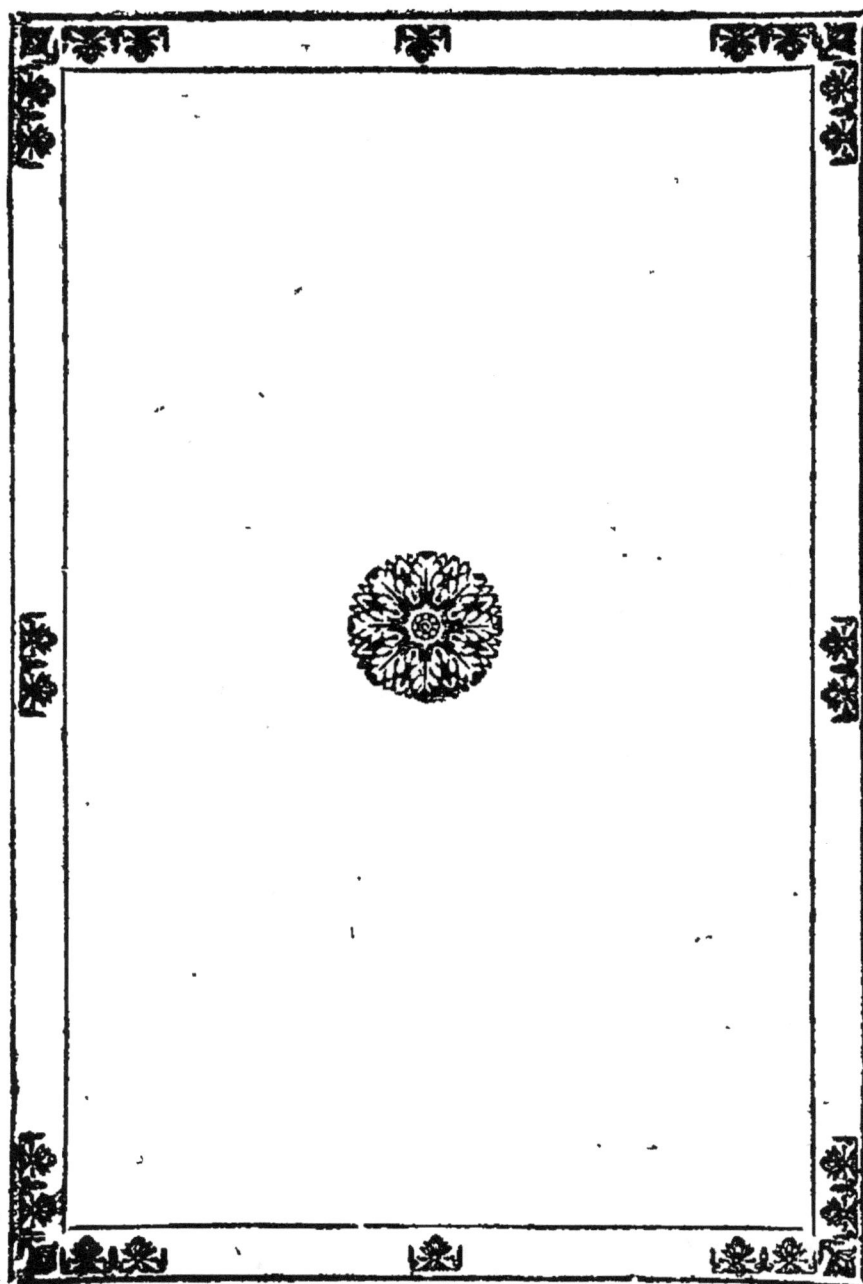